上馬キリスト教会 @kamiumach

HIBI SYOJIN

日々笑神

フォロワー30,000超えの教会アカウントによるつぶやきを
日めくりカレンダーにしてみた

上馬キリスト教会 @kamiumach
【教会大喜利】

#あなたがTwitterを続けている理由

ラクして福音を伝えるため

31

上馬キリスト教会 @kamiumach
【教会豆知識】

ゴッホは20代の頃、牧師を目指して神学校の受験勉強を始めたが、あまりの試験科目の多さに挫折。
その後、炭坑で伝道者になったがそれも半年で挫折。

今も昔も聖職者は大変なのです。

16

上馬キリスト教会 @kamiumach
【聖書雑紹介】

ダビデ

ダビデ像としても有名なイスラエルの王様。しかし出身は「羊飼いの下っぱ」という最底辺の身分であり、自己啓発本がバカ売れしそうな人生を送った。石ころを投げて約290cmの巨人を倒したというエピソードは鉄板。ほぼ完璧な人物だが美人には弱いという性格はやや難点。

15

上馬キリスト教会 @kamiumach
【教会冗句】

熊に襲われようとしている、キリスト教徒の男が神に祈った。

男:「あの野蛮なる熊にキリストの教えを授けてください」

しかし熊は何かブツブツ言いながら、男に襲いかかる。

熊:「天に召します我らの主よ、今日も食事を与えてくれたことに感謝します」

17

上馬キリスト教会 @kamiumach
【聖書で English！】

[羊：sheep 羊飼い:shepherd]

shep（羊）+ herd（集める）で shephed（羊飼い）です。飼犬としておなじみのシェパードはもともと牧羊犬なのでこの名前になりました。

14

上馬キリスト教会 @kamiumach
【聖書雑紹介】

十二使徒 ペテロ

12使徒のリーダーだが、いざという時に頼りない。イエスが捕らえられた時は「イエスなど知らない」と言って逃げ回った。目立つことが好きで、イエスの真似をして湖の上を歩こうとしたが、普通に溺れるという残念な男。バラエティであればイジり方次第で伝説を残せる存在。

18

エル・グレコ「改悛する聖ペテロ」

上馬キリスト教会 @kamiumach
【教会豆知識】

ある統計によると、日本の仏教の僧侶の数は35万人。一方で洗礼を受けて定期的に礼拝に参加し、実質的なクリスチャンとして生きている人は27万人。

日本ではお坊さんよりクリスチャンの方が珍しいようです。

19

上馬キリスト教会 @kamiumach
【教会冗句】

ある試験にて

ある神学生が、試験の答案がまったく書けずに困り果て、苦し紛れに「憐れみ深い者は幸いです」と書いて提出した。

その答案が返却された時、そこには教授の字でこう書いてあった。「悲しむ者は幸いである」

上馬キリスト教会 @kamiumach
【教会豆知識】

世界幸福度ランキングのトップ10の国はほとんど、キリスト教徒が半数以上を占める国。

7位のオランダだけは「無宗教」が半数を占めますが、キリスト教徒も30%います。

上馬キリスト教会 @kamiumach
【聖書雑紹介】

サタン

聖書界のバイキンマン的な存在。その「神ってる」話術で隙あらば人々をそそのかす。最大の武勇伝はアダムとイブに禁断の果実を食べさせたこと。前職は天使だったが、堕落して現在に至る。転職を考えているなら、巧みな話術を活かせる営業職をお勧めしたい。

アリー・シェファー
「砂漠でキリストを誘惑する悪魔」

上馬キリスト教会 @kamiumach
【教会大喜利】

#お前らしくないことを言え

あなたの右の頬を打つような者には、左の頬をぶん殴ってやりなさい。

23

上馬キリスト教会 @kamiumach
【教会豆知識】

ホテルに聖書が置いてあるのは一人旅の人の自殺防止のため、というのが理由の一つ。

ちなみにあの聖書はギデオン協会という団体が無料配布しているもので、彼らが今までに配布した聖書はなんと累計15億冊！！

24

上馬キリスト教会 @kamiumach
【聖書で English！】

[イエス：Jesus]

英語圏では子音の J はジャ行の発音になりますから「ジーザス」と発音しますが、ギリシア語等ではヤ行の発音になり、「イェズス」→「イエス」となります。イエズス会は Jesus 会ということです。

25

上馬キリスト教会 @kamiumach
【教会豆知識】

黄色い花の花言葉に悪い意味のものが多いのは、黄色が「裏切りの色」とされていたから。多くの絵画でイスカリオテのユダは黄色い服を着ています。

しかし黄色いマリーゴールドは名前に「マリア」が含まれるので良い意味と悪い意味が混在して大変なことになっています。

上馬キリスト教会 @kamiumach
【教会豆知識】

「アーメン」というのは「本当に、心から」という意味で、それ自体に宗教的な意味はありません。仏教の「南無」と近い意味の言葉です。

ちなみに英訳聖書で「Amen,amen」とある箇所は、日本語訳では「まことに、まことに」と訳されています（新改訳）。

27

上馬キリスト教会 @kamiumach
【聖書雑紹介】

モーセ

エジプトから民を脱出させた指導者。その際には「海を割り」、脱出後は「石」に刻まれた十戒で民を治めた。王子として生まれるも、家出するなど昔はヤンチャな一面も。つまり元ヤンが「水割り」に手を出し、最後は「ロック」を愛したという人生。誕生日にはお酒を贈りたい。

28

レンブラント「モーセの十戒」

上馬キリスト教会 @kamiumach
【聖書雑紹介】

とある修道院で見つかったとある古文書に「液体を摂取しても断食に違反しない」と書いてあった。

これを口実に12世紀頃の修道士たちは断食中に「液体のパン」と称してビールを飲んでいた。

今でも「修道院ビール」はビール愛好家たちの間で人気です。

29

上馬キリスト教会 @kamiumach
【教会豆知識】

モアイで有名なイースター島はイースターの時期に発見されたのでこの名前になりました。クリスマス島も同じようにクリスマスの時期に発見されたのでこの名前になりました。

30

上馬キリスト教会 @kamiumach
【教会豆知識】

13日の金曜日を不吉とするのは英語圏の国とドイツ、フランスくらいで、キリスト教国であっても必ずしもこの日を不吉とするとは限りません。

スペイン語圏では13日の火曜日、イタリアでは17日の金曜日が不吉とされるようです。

13

上馬キリスト教会 @kamiumach
【教会冗句】

イエス・キリストが水の上を歩いて渡る奇跡を起こしたという湖へ旅行客がやってきた。湖の向こう岸へ渡る船があるというので行ってみると、一人50ドルという看板があった。

「なんてこった。たったこれだけの距離で50ドルも取るのか！イエス様も歩いて渡るはずだ」

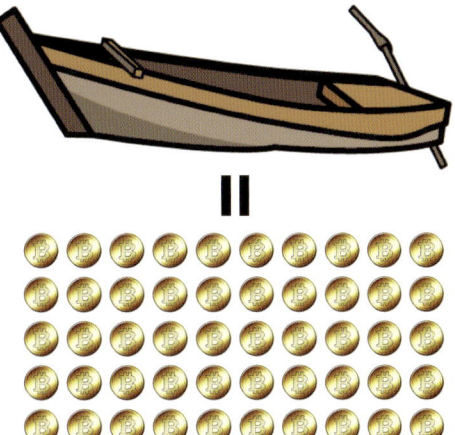

上馬キリスト教会 @kamiumach
【教会豆知識】

フランシスコ＝ザビエルで有名な、あのかっぱのような髪型は

ハゲているのではなく、剃っている。

「トンスラ」と呼ばれ、当時の聖職者にはポピュラーな髪型でした。

11

上馬キリスト教会 @kamiumach
【教会豆知識】

キリスト教では死は悔やむものではなく「成仏」という概念もありません。

ですからキリスト教式の葬儀では「お悔やみ申し上げます」「ご冥福を」などとは言わず、死者よりも遺族に寄り添って「主の平安を」や「慰めがありますように」などと言うのがベターです。

10

上馬キリスト教会 @kamiumach
【聖書雑紹介】

十二使徒 トマス

とにかく疑り深いという結婚相手にはしたくない性格。復活したイエスの登場も信じられず、イエスの脇腹の傷に手を突っ込んで仲間からドン引きされた。上司相手でも遠慮しない姿は、ゆとり世代顔負け。後にインドに渡って伝道活動に奮闘し、教会を建設している。

ドゥッチオ・ディ・ブオニンセーニャ
「イエスに触れるトマス」

上馬キリスト教会 @kamiumach
【教会豆知識】

トランプの４枚のキングのうち、スペードのモデルは旧約聖書に出てくるイスラエル王ダビデ。持っている剣はゴリアテの剣。

ちなみにハートはイギリスのチャールズ１世、ダイヤはジュリアス＝シーザー、クラブはアレクサンダー。

ダイヤのクイーンは旧約聖書に出てくるヤコブの妻ラケル。

ちなみにスペードはギリシアの女神アテナ、ハートはユダヤの女戦士ジュディス、クラブはアージンというよく分からない人。

上馬キリスト教会 @kamiumach
【教会大喜利】

あたりまえポエム

信じられないよ
毎日神様に祈りながら
腕立て伏せをしたんだ
筋肉がついたよ

7

 上馬キリスト教会 @kamiumach
【聖書雑紹介】

イヴ

アダムの肋骨から創られた世界最初の女性。つまり「姐さん」の中の「姐さん」。サタンにそそのかされて禁断の実を食べ、アダムにも食べさせた。ここから世界最初の夫婦でも、女性の方が強かったことがわかる。人類最強の称号はイヴ姐さんが手にしていると言ってもいいだろう。

6

ルーカス・クラナッハ「アダムとイヴ」

上馬キリスト教会 @kamiumach
【聖書雑紹介】

十二使徒

イエスに選抜された12人の弟子グループ。完璧な人間の集まりでなく、それぞれに長所と短所がある。つまり「ナンバーワン」ではなく「もともと特別なオンリーワン」のグループ。その活躍は人々の胸に深く刻まれ、時に心の支えとなった。彼らの幸せを心から祈りたい。

レオナルドダビンチ「最後の晩餐」

上馬キリスト教会 @kamiumach
【教会豆知識】

六曜の友引の日には仏教のお葬式はないので、お坊さんは友引を「休日」とする方が多いそうです。

一方で牧師は日曜日は礼拝があるので休めません。ですから月曜日を「休日」とする方が多いそうです。

上馬キリスト教会 @kamiumach
【聖書雑紹介】

十二使徒 ヨハネ

聖書界随一のナルシストであり、「ボクはイエスに最も愛されている」と言い張るウザイ男。そのノンスタイルな発言には、他の弟子も「胃の上」がムカムカしたことだろう。絵画では女性のように描かれがちなビジュアル系。不死身説も囁かれたほど長生きしたようだ。

エルグレコ「福音記者ヨハネ」

上馬キリスト教会 @kamiumach
【聖書で English！】

「福音：gospel」

ゴスペルというと音楽のジャンルだと思っている方もいるかも知れませんが、もともと「福音」という意味で、それを伝える歌だから「ゴスペル」といいます。

2

 **上馬キリスト教会** @kamiumach
【教会豆知識】

世界の言語は6900。
そのうち聖書すべてが翻訳されているのは531。
新約聖書のみ翻訳されているのが1329。

ちなみに世界で聖書の次に多く翻訳されている「星の王子様」は253。
「ハリーポッター」は67。

1